AF224446

L'INDÉPENDANT,

A M. LE COMTE DE CAZES.

> Le bonheur des peuples se fonde sur la
> sainte alliance des lois et de la liberté.
>
> MONTESQUIEU.

Première - Lettre.

PARIS,

L'HUILLIER, LIBRAIRE-ÉDITEUR, RUE SERPENTE, N° 16;
DELAUNAY, LIBRAIRE, PALAIS-ROYAL.

1818.

IMPRIMERIE DE MADAME JEUNEHOMME-CREMIERE,
rue Hautefeuille, n° 20.

L'INDÉPENDANT,

A M. LE COMTE DE CAZES.

PREMIÈRE LETTRE.

Le titre de cette lettre, M. le Comte, devait-il vous paraître une hostilité ? L'ordonnance du 5 septembre et la loi des élections ne me l'avaient pas appris. En me dévouant à la défense du règne exclusif des lois constitutionnelles, faut-il que je m'énorgueillisse d'un acte de courage ? car on n'apprend que par des sentences le nom de vos adversaires, et s'il y a des roches tarpéiennes en France, ce n'est pas pour vous, Monseigneur. Je sais par quelle adresse des attentats de lèse-excellence passent pour des forfaits de lèse - majesté; toutefois

j'écarterai toujours avec un respect constitutionnel l'égide sacrée que vous placez devant
vous. Notre devoir nous défend de supposer
dans un roi le complice des aberrations ministérielles, lors même que sa générosité pa-
raîtrait consentir à cette officieuse condes-
cendance. Ainsi, M. le Comte, ce n'est pas le
prince que les cris de la liberté trahie poursui-
vaient naguère à la tribune nationale ; ce n'est
pas lui (si Votre Excellence veut bien le per-
mettre) que je combattrai dans les principes
erronés dont vous cherchez à étayer la défense des nouvelles lois qui oppriment la liberté de la presse. Je ne respecterai pas même
la pensée dominante de votre très-adroit et
très-ingénieux exorde qui devait, selon votre
espérance, forcer toutes les convictions et recruter pour les ministres une double défection
dans les rangs adversaires ; mais malheureuse-
ment il n'y a eu qu'une défection, et c'est sous
les drapeaux ministériels qu'elle s'est opérée.
La force spécieuse de cet exorde a été renver-
sée par la redoutable plume de M. Benjamin
de Constant dans le premier numéro des *An-
nales de la session*, et je n'ajouterai ici après
ce grand publiciste qu'une réflexion.

Vous semblez justifier, M. le Comte, la sagesse du projet de loi sur l'improbation qui rallie les deux opinions extrêmes ; ne pourrait-on pas conclure avec un égal succès contre une loi qui force, à l'aspect des pressans périls de l'état, deux partis ennemis à déposer leurs haines ; semblables à ces deux républiques de la Grèce qui suspendirent leurs querelles particulières pour repousser l'invasion du grand roi et de ses satrapes ?

Au surplus, M. le Comte, qui vous dit que cette dénomination d'opinions extrêmes que vous distribuez si libéralement à vos adversaires, ne convient pas avec plus d'équité au ministère. Certes, les royalistes exagérés qui veulent abattre la charte, ou les ministériels qui la démembrent, méritent mieux cette accusation que les indépendans qui prêchent son culte sans restriction.

J'arrive à ces pensées de prédilection vers lesquelles Votre Excellence a pris l'essor de l'aigle, je veux parler de cette théorie de l'opinion dont vous avez étonné l'assemblée législative.

Vous professez, M. le Comte, un dédain superbe de l'opinion ; il est permis, sans doute, de ne pas aimer ses ennemis, mais peut-être n'a-t-on pas le droit de les calomnier ; peut-être ne prêtez-vous à l'opinion la capricieuse instabilité de la mode que pour justifiervotre mésintelligence ; mais c'est vous seul qui avez changé et non pas elle. Contemporaine de la philosophie, l'opinion qui nous gouverne aujourd'hui a dévancé d'un siècle votre berceau. L'opinion, M. le Comte, est ce silence que traversèrent les funérailles de Louis XIV ; elle est cette douleur qui assista au deuil prématuré de ce grand dauphin, vertueuse espérance de la nation ; c'est cette voix qui assembla la constituante et que ne purent étouffer les fureurs de l'anarchie, ni les accens même de la victoire. C'est cette sagesse enfin qui dicta la charte à la prudente légitimité. N'invoquez pas contre cette opinion l'échafaud régicide, elle vous eût réfuté par l'appel au peuple. C'est le vertige des partis et non pas elle qui présidait à l'apothéose de Marat, et le dévouait ensuite aux Gémonies. Pourquoi confondre aujourd'hui l'esprit de ces saturnales avec l'opinion ? Les terreurs ministérielles nous croient-elles encore en révolution ? et les guillotines prévôtales, moissonnant comme elle l'adolescence, sont-elles là pour l'attester ? Non, M. le Comte, nous n'avons plus à redouter le réveil de l'anarchie, les révolutions ne se donnent pas la main. La France n'est agitée que par les alarmes qu'inspire le permanent abus des lois provisoires. Cette éternelle prévoyance qui ajourne sans cesse la jouissance de nos droits constitutionnels nous rappelle l'anecdote de cet honnête plébéien qui, à la tribune de 1793, osa s'écrier : « Citoyens, j'entends chanter toujours « dans les places publiques et dans cette enceinte, *ah ! ça ira, ça ira,* d'où je conclus « que ça ne va pas. »

La raison du siècle et la voix légitime des peuples demandaient en France une nouvelle dynastie. Louis le constitutionnel l'a fondée ; et c'est en tête de la charte qu'on se plaît à lire : *Louis, par la grâce de Dieu, roi de France ;* car, j'en atteste nos malheurs, Louis XVIII ne règne pas depuis vingt ans sur nous. Laissez ce monarque s'appuyer sur le sceptre de l'opinion plus ferme encore que celui de la légitimité, et n'empêchez pas cette reine de s'asseoir sur le trône à côté des Bourbons.

Le mépris de l'opinion est la maxime et la ruine des tyrans.

Demandez au vainqueur d'Arcole et de Marengo, quel fut l'instrument de sa prodigieuse grandeur. Il vous répondra : *l'opinion*. Demandez au conquérant usurpateur de l'Europe, quel fut l'ennemi qui renversa sa fortune, il vous répondra : *l'opinion*. L'effroi du despote n'eût pas tant éclaté à la perte de ses légions, s'il l'eût respectée. Elle avait encore, comme aux jours de la république, quatorze armées en réserve pour foudroyer de nouveau la coalition européenne.

Ce n'est pas à la suite de l'opinion, sans doute, que vous devez marcher; c'est à côté d'elle. Vous vous placez fièrement à sa tête; l'attitude est héroïque. Mais vous avez pu vous convaincre, au sévère accueil que nos représentans ont fait à votre harangue, que ces réminiscences du despotisme ne sont plus guère de saison, et que la fortune ne favorise pas toujours l'audace.

Le silence ministériel de quelques journaux dans cette circonstance a vainement tenté de dissimuler vos revers oratoires, et la complaisante servitude des autres transformait en vain en applaudissemens les bruits et les tumultes les moins adulateurs. Mais si dans ce moment où vous avez entrevu la roche voisine du capitole, vous vous étiez écrié à la tribune : « A pareil jour, j'ai vaincu les enne- « mis de la charte par l'ordonnance du 5 sep- « tembre, et fait triompher l'indépendance « nationale par la loi des élections ; allons au « capitole en rendre grâce aux dieux, » le peuple, M. le Comte, vous eût absout comme Scipion, et vous eût suivi, subjugué par l'as- cendant de votre gloire passée ; mais s'il voit Scipion s'allier aux Carthaginois et conspirer ainsi contre ses propres victoires, il lui retirera avec justice sa confiance, et la liberté se dé- fiera de ses fallacieuses promesses.

La liberté ne cessera-t-elle jamais d'être une prophétie ? Votre effroi nous la montre en- sanglantée sur les pas de l'anarchie ; non, la révolution a calomnié la liberté. Si, comme quelques personnes le prétendent, cette pru- dence qui gouverne le ministère n'est que la timidité de l'inexpérience, est-il juste que nous payions de notre liberté l'apprentissage de quelque ministre ? D'autres plus équitables, mais plus défians, lisent de plus grands dan-

gers dans la dictature prorogée des lois d'exceptions. La charte, à leurs yeux, n'a l'air
que d'une transition adroite de la révolution
au despotisme ; elle ressemble à cette monnaie
insidieuse où Bonaparte inscrivait d'un côté *République*, et de l'autre *Napoléon, empereur.*(1)
Leur défiance est sans doute injuste ; mais si
nous avons vu le vainqueur de l'Italie séduire
d'abord notre confiance par ses victoires répu-
blicaines, puis de la chaise curule s'élancer sur
le trône, déplacer la révolution et renverser
la liberté, qui nous garantira le respect de la
charte, lorsque nous considérons que le pouvoir absolu est le patrimoine de la légitimité ?
Mais elle réclamerait en vain cet héritage; il ne
serait qu'une usurpation. Il faut bien en con-
venir, M. le Comte; la grâce de Dieu et le

---

(1) Je me suis rencontré, dans la forme de cette
idée, avec M. le duc de Fitz-James ; c'est sans doute un
honneur pour moi; ce qui n'en serait pas un, ce serait
que l'on confondît l'esprit de mes observations sur le
ministère, avec celui de l'honorable duc et de l'honorable vicomte, son collégue : leur but intéressé paraît
être de renverser le ministère; le mien, tout patriotique, est de l'avertir de ses écarts.

pape lui-même ne soutiendraient pas aujour-
d'hui un souverain absolu, malgré l'habileté
des directeurs ministériels de l'opinion.

La royauté n'a de salut qu'en se réfugiant
sur le trône constitutionnel.

Pour porter le sceptre despotique aujour-
d'hui, il faut être doué de la surnaturelle puis-
sance du génie et d'un grand caractère, sous
peine de mort ; et les rochers de Sainte-
Hélène répondent que cela ne suffit pas encore. Prenez garde, M. le Comte, ne vous
exposez pas à être un grand homme.

Les Excellences, sous un règne absolu, sont
ordinairement plus assurées d'être inamovibles;
elles n'ont à tromper qu'un seul homme. Les
Bukingham et les princes de la paix ne quit-
tèrent leurs grandeurs qu'après la ruine de
leurs maîtres, ce qui fait honneur du moins
à leur dévouement. Mais les souverains placés
à l'ombre des constitutions n'ont pas à redouter
les tragiques revers des Charles Ier ou des
Charles IV, et quand le cri vengeur du peuple
s'élève vers le trône, l'exécuteur des lois jette
à ses pieds la tête d'un ministre et non plus
celle d'un roi.

Cependant si les constitutions placent les

rois au-dessus de l'humanité, ils doivent aussi s'abstenir de ses faiblesses; il ne faut pas qu'ils quittent leur trône pour entrer dans la lice où luttent leurs ministres. C'est exposer la majesté royale à des affronts qui la déconsidèrent, semblables à ces dieux d'Homère qui descendaient par fois de l'Olympe pour ramasser dans le combat les armes des héros, et qui compromettaient le respect de leurs autels en recevant de honteuses blessures. Je ne dis ceci, M. le Comte, que parce que le nom inviolable du prince se mêle trop souvent à vos justifications, ce qui est une très-grave inconvenance. Si c'est une prérogative des lois d'exceptions, c'est une raison de plus pour en déplorer la prorogation.

Le ton de ce début vous semble peut-être un peu solennel, M. le Comte; mais je vous prierai de remarquer que si je ne suis ni dans la tribune législative, ni sur le trône académique, c'est cependant à une harangue que je prends la liberté de répondre, et qu'en votre double qualité de ministre et d'orateur vous avez bien le droit d'exiger qu'on n'use point avec vous de cette familiarité où s'abandonne volontiers une plume épistolaire. Si cependant

(et il est permis de le penser en lisant vos discours de tribune) vous aimez aussi le ton plai-
sant et la fine ironie , il faudra vous satisfaire ;
l'éloquence, le raisonnement et la plaisanterie
heureusement mélangés se prêtent un mutuel
appui, et la vérité est de tous les goûts. J'es-
sayerai donc quelquefois d'égayer cette épître,
persuadé que par là je vous serai plus agréa-
ble ; il faut plaire d'abord à ceux que l'on veut
convaincre. C'est un assez bon précepte que
je tiens de mon professeur de rhétorique , et
que, soit dit en passant, vous n'avez pas toujours mis en usage.

Mon dessein n'est pas de vous faire subir
ici une nouvelle discussion de votre projet, ni
de vous répéter les discours des honorables
membres qui l'ont alternativement attaqué
ou défendu, mais qui au résultat ont toujours
parlé contre. On m'assure que ce serait un
mauvais moyen de vous divertir. D'ailleurs ,
tous ceux qui s'intéressent à ces grandes ques-
tions, c'est-à-dire presque tous les Français,
conservent fidèlement le souvenir des éloquens
efforts des divers orateurs qui se sont succé-
dé à la tribune. Ils n'ont pas oublié la sagacité
et le zèle patriotique avec lesquels MM. d'Ar-

genson et Chauvelin ont signalé des abus enveloppés d'un ténébreux mystère, et que la liberté de la presse eût éclairés de son utile flambeau ; ils savent que, dans un discours où le piquant de la plaisanterie ne nuit pas à la sagesse des aperçus, M. Bignon a rappelé le ministre chargé naguère d'importantes fonctions diplomatiques, par le talent avec lequel il a discuté l'influence de la liberté de la presse sur les relations des peuples entr'eux, *de peuple à peuple*. Ils entendent encore M. Laffitte développer l'étroite alliance de la liberté et du crédit, avec cette supériorité qui annonce un esprit étendu et habitué aux méditations. Enfin, ils sont pleins encore de cette intime conviction que M. Royer - Collard a versée dans leur esprit par l'éloquence aussi profonde que lumineuse avec laquelle il a démontré que l'essence du jury le rendait sur-tout applicable aux délits de la presse, et que sans jury toute loi répressive ne ferait que consacrer l'arbitraire.

En résultat, M. le Comte, que prouvent ces discours et ceux de quelques honorables membres qu'il serait trop long de citer ? Ils prouvent jusqu'à l'évidence que la liberté de la presse est sans danger pour la nation. Pour qui donc pourrait-elle être à craindre ? Ne serait-elle redoutable que pour les seuls ministres? Mais ils protestent de leurs bonnes intentions ; nous aimons à les croire sur parole , nous les croirions bien plus volontiers encore , s'ils ne cherchaient pas tant à dérober les actes du pouvoir à la censure libre des citoyens. Moins de protestations , plus de garanties , voilà ce qui peut satisfaire la France , et revêtir le ministère de toute la force qu'on puise dans la confiance d'une nation , dans une droiture , une loyauté avérées, et qui ne se réserve aucun faux-fuyant. La liberté de la presse est un droit de surveillance que la charte accorde à la nation ; dénaturer ce droit, en paralyser l'exercice, en mettre le ressort , pour ainsi dire, dans la main d'un ministre, c'est renverser par la base toute l'économie du systême représentatif.

« C'est la balance de l'aristocratie , de la « monarchie et de la démocratie qui forme le « gouvernement constitutionnel, mais si vous « détruisez cette balance, si vous élevez un « pouvoir aux dépens de l'autre, vous rentrez « dans les révolutions et dans le chaos. » Ces paroles sont de vous, M. le Comte, et j'aime à les rappeler, parce qu'elles sont toutes remplies d'une haute sagesse, et singulièrement remarquables dans votre bouche. Sans doute il faut se garder d'accroître l'un des pouvoirs aux dépens des autres ; les chambres suivront ce conseil qu'elles ont reçu de vous avec reconnaissance, et c'est pour éviter ce fatal inconvénient signalé par vous-même, qu'elles craindront d'entasser dans les mains d'un ministre tous ces attributs d'un despotisme qui semble menacer toutes les franchises des citoyens ; elles craindront de livrer à sa discrétion, et la liberté individuelle, et la liberté de la pensée ; elles craindront enfin de revêtir le ministère de ce pouvoir exorbitant qui, détruisant l'équilibre, nous précipiterait en effet dans ces révolutions et ce chaos dont vous nous menacez.

Il n'est pas ici question de l'usage que vous avez fait de ce pouvoir extra-constitutionnel ; n'étant pas à portée d'en savoir la vérité, je veux croire que vous l'avez exercé avec cette équité sévère, mais humaine, cette sagesse éclairée et toujours infaillible qui est si rarement le partage des hommes et même des ministres ;

je croirai même, si vous voulez, qu'avec vous
l'arbitraire vaut mieux que ne vaudrait la loi
avec un autre ; mais même dans cette suppo-
sition, dont vous ne vous plaindrez pas, je
suis encore peu touché, je l'avoue, des avan-
tages de l'arbitraire ; les circonstances changent
les hommes, les rois changent les ministres, la
loi seule est immuable, la loi seule met en
sûreté les peuples, et seule elle est digne de
régner sur eux ; les rois, ces premiers citoyens
des nations, sont sur-tout assurés de notre
obéissance, quand eux-mêmes obéissent à la
loi. Mais la loi n'est respectable que par son
inviolabilité ; c'est s'abuser étrangement que
de prétendre faire révérer aux hommes des
réglemens éphémères si ridiculement dé-
corés du nom de lois.

On ne veut plus de ces vains simulacres, de
ces divinités d'un jour ; des lois stables, voilà
ce qui doit sauver la France, comme les lois
passagères, et qui se succédaient avec une
déplorable rapidité. l'ont perdue quand la
révolution s'écarta de son but. C'est seulement de cette époque, où une fausse direction
lui fut imprimée par ceux qui ne la voulaient
pas, qu'il faut dater nos malheurs. Non, M. le

Comte, 89 *n'a point creusé les tombeaux de 93 ; non, il n'a point dressé ses écha-fauds.* Cette phrase finit bien votre période, mais la figure est plus brillante que juste. Vous aimez les périodes et les figures, M. le Comte, et vous avez raison ; elles donnent à un discours cet air académique qui peut flatter même un homme d'état ; mais si vous me per-mettiez de vous offrir un conseil, je vous en-gagerais à ne pas trop les prodiguer ; *rien n'est beau que le vrai :* il y a entre 89 et 93 quelques siècles d'intervalle. La France a péri, non pour avoir appelé la liberté, mais pour avoir mé-connu ses bienfaits, pour avoir fui pour ainsi dire devant elle, quand il fallait l'accueillir avec confiance ; enfin pour l'avoir irritée par d'imprudentes résistances. Ne faisons de re-proche à personne ; qui sait jusqu'où ces re-proches pourraient aller, et s'ils n'atteindraient point plus haut que V. Exc. ne croit ? Ne ca-lomnions jamais 89 ; honneur éternel aux hommes qui ont voulu cette grande époque ! 93 était loin de leur pensée. Et si dans ces grands désastres où les hommes sont en-traînés par les choses, on pouvait accuser quelques individus, je verrais les premiers auteurs de 93 dans cette suite non interrompue de ministres sans caractère et sans talent, qui ne surent ni seconder la liberté, ni plus tard s'opposer à la licence. D'ailleurs, M. le Comte, quand la pensée qui nous occupe serait aussi juste qu'elle me paraît hasardée, je vous demanderais encore sur quel fondement vous comparez 1817 à 1789, ou plutôt je ne vous ferai point cette question, j'ai une trop haute idée de votre jugement et de vos lumières politiques, pour penser que vous trouviez quelque analogie entre ces deux époques; je croirai plutôt que ce n'est ici qu'une de ces légères distractions bien pardonnables sans doute dans un discours de deux heures entièrement improvisé. Je ne ferai donc point perdre à V. Exc. un temps précieux en lui détaillant ici les nombreuses diversités de ces deux époques; elles frappent les yeux les moins exercés; je dirai seulement qu'en 1789 on faisait une constitution, tandis qu'aujourd'hui nous en avons une toute faite; nous ne demandons point de nouvelles libertés, nous ne demandons que les libertés acquises à la nation et solennellement procla-

mées. Pourquoi les ministres fuiraient-ils ef-
frayés devant ces libertés, et pourquoi ne
les accepteraient-ils pas avec, leurs inconvé-
niens, mais aussi avec leurs immenses avan-
tages? Serait-ce le talent ou le courage qui
leur manquerait? Je ne le crois pas , ils ont
donné des preuves de l'un et de l'autre. Nous
en conviendrons sans peine, le ministre qui a
fait rendre l'ordonnance du 5 septembre
(quelques sacrifices qu'elle ait coûté à la
nation), ce ministre qui a préparé et soutenu
la loi des élections a bien mérité de la patrie;
il a donné à la France des gages dont le souvenir ne s'effacera jamais; la France aimerait
à lui accorder en retour sa confiance toute
entière; pourquoi faut-il qu'il la repousse par
cette prédilection constante pour les lois
d'exception, par cette pusillanimité qui lui
fait craindre son propre ouvrage, qui le
fait reculer à l'entrée de la carrière que lui-
même vient d'ouvrir, et qui a failli nous
frustrer de tout le fruit de la loi des élections? Certes, par sa conduite dans cette
circonstance mémorable , le ministre s'est
fait **plus** de tort à lui - même qu'il n'en

aurait jamais éprouvé de la nomination des candidats qui l'ont si fort alarmé.

Par quelle fatale erreur ce ministère semble-t-il donc redouter les constitutionnels qu'il nomme indépendans, et le voit-on recruter son parti parmi ces royalistes contempteurs de la charte qu'il devait avoir quelque pudeur d'implorer, après la loi des élections et pour les élections? Pourquoi ne cherche-t-il pas plutôt ses auxiliaires dans le parti de la nation? Il est vrai qu'on ne gagne les indépendans que par des raisons amies de la liberté, tandisque les consciences anti-libérales se paient fort bien d'une autre monnaie. Ne vaudrait-il pas mieux, M. le Comte, que le ministère possédât une majorité permanente dans la nation, qu'une majorité précaire dans la chambre? Chaque année vos alliés s'éclipseront par cinquième, et par conséquent dans quatre ans ils auront entièrement évacué la représentation nationale. Mais les ministres n'ont pas besoin de prévoir les malheurs de si loin.

Nous souhaitons, M. le Comte, pour lui et pour nous, que le ministère rentre dans le parti constitutionnel et national.

Quelle force nouvelle il trouverait dans de tels auxiliaires ! L'éloquence qui naît du talent et de la vérité , la constance, compagne de la conviction et de la droiture des intentions , l'assentiment et l'opinion de toute la France , voilà les nobles secours que l'indépendance offre au ministère ; mais pour les accepter, il faut que les ministres soient indépendans eux-mêmes, indépendans de ces terreurs paniques que voudraient leur inspirer des hommes sans importance puisqu'ils ne sont pas avoués par la nation , indépendans de cet orgueil puéril , de ces petites ambitions ministérielles qui leur font voir la France en péril dès que le destin tout entier de la France n'est pas dans leur main , indépendans enfin de ce malheureux préjugé qui leur persuade que les lois ne suffisent pas pour gouverner un état. C'est alors que véritablement associés aux desseins du prince., fidèles exécuteurs de sa noble pensée , ils obtiendraient le titre si rare , mais si glorieux de *ministres constitutionnels*, c'est alors qu'ils seraient dignes du roi qui a donné la charte, et de la nation qui l'a méritée par tant de travaux, de malheurs et de gloire.

Je me trouve maintenant un peu loin de

votre discours, M. le Comte; je vous deman-
dérai la permission d'y revenir, nous avons
encore tant de choses à nous dire ! pour aujourd'hui, je ne veux pas prolonger davan-
tage cet entretien; je craindrais de dérober
trop long-temps à la France cette précieuse
surveillance que vous lui consacrez.

J'ai l'honneur d'être, etc.